CONSTITUTION

FINANCIÈRE

DE

LA RÉPUBLIQUE FRANÇAISE

DÉDIÉ

A l'Assemblée constituante de l'année 1848,

Par F. PINEAU AÎNÉ,

Ancien magistrat.

QUATRIÈME PARTIE DU CODE POLITIQUE.

PRIX : 50 CENT.

EN VENTE :

Chez tous les libraires de Poitiers, Châtellerault, Angoulême, Niort, Limoges et Tours;

A PARIS,

Au bureau de la librairie Phalanstérienne, quai Voltaire, n° 25.

1849.

CONSTITUTION FINANCIÈRE.

POITIERS. — IMP. DE GOIGNARD ET BERNARD.

CONSTITUTION

FINANCIÈRE

DE

LA RÉPUBLIQUE FRANÇAISE

DÉDIÉ

À l'Assemblée constituante de l'année 1848,

Par F. PINEAU Aîné,

Ancien magistrat.

POITIERS,

EN VENTE CHEZ TOUS LES LIBRAIRES.

1849.

RAPPORT

SUR

LE PROJET DES LOIS DE FINANCES EN FRANCE.

———

En France, un bon système financier n'a encore été établi par personne; je ne me flatte pas d'avoir dit le dernier mot en cette matière. Dans l'exposé succinct de ce système, je n'ai pu présenter aucuns développements sur son applica_ tion; je me réserve de les donner dans la loi sur l'organisation générale des finances, placée dans le second tome de mon *Code politique* parmi les autres lois organiques des services publics, et d'en faire connaître alors le mécanisme.

Pour l'amélioration de la fortune publique, l'État, par l'application de mon système, sans bourse délier ni subvention aucune, rendra la confiance aux créanciers hypothécaires, aux détenteurs des rentes foncières; il arrachera les débiteurs hypothécaires à une ruine certaine, occasionnée par les ventes judiciaires et par les intérêts usuraires. En effet, par la conversion des créances presque immobiles en créances mobiles, au moyen d'un titre contenant émission d'actions de rentes divisées par coupons, transmissibles comme les rentes publiques, et, d'après le même mode, l'État mobilisera toute la fortune territoriale. De même, par la conversion des créances chirographaires, commerciales ou non, en actions de rentes mobilières, l'État empêchera toute déconfiture et faillite, sauvera le commerce à jamais de catastrophes, et conjurera pour toujours l'orage financier qui nous menace.

De plus, par l'association privilégiée des communes, quant à la perception des impôts directs de toute nature, suivie, et de la mobilisation de tous les intérêts matériels appelés à fonder le capital de l'association communale, et de la transmission des actions de rentes communales divisées en coupons de 100 fr., donnés à chacun selon son apport de capital, assimilés et échangeables dans la localité avec des rentes sur l'État, je procure des ressources incalculables à chaque propriétaire d'un capital foncier ou mobilier, parce que ces actions seront recherchées par les grands et petits détenteurs du numéraire, remplaçant avec bien plus de garantie les billets de banque, les bons du trésor et les livrets des caisses d'épargnes ; enfin je fournis à l'État la matière imposable la plus considérable et la plus exempte de critique qui ait jamais été proposée.

Pour l'amélioration du trésor public, l'État, appliquant mon système dans son entier, tant pour le budget des recettes que pour celui des dépenses, ne payera pas annuellement plus de 800 millions, toutes rentes de l'État comprises, et recevra, à partir de 1850, plus de 1,800 millions. Ainsi, sans aucun emprunt ni vente de biens nationaux, l'État satisfera à tous ses engagements, en ne spoliant personne, pas même les membres des anciennes dynasties; il aura en outre satisfait tous les intérêts les plus minimes; il aura purgé la société des mendiants par les associations de toute nature, et l'aura guérie de la plaie des procès par la suppression des offices vénaux judiciaires.

Par l'impôt direct proportionnel, sur le revenu réel et constaté de la manière la plus indubitable, l'État n'imposera le grand et le petit capital que selon son importance; la règle de l'équité sera respectée pour tous, car l'impôt est bien plus odieux par sa fausse et injuste répartition que par son élévation.

C'est ce qui a lieu avec notre système d'impôt foncier, établi de la manière la plus stupide, la plus ignorante et la plus inique. Je pourrais citer des milliers d'exemples dans presque tous les départements où les grands et les moyens propriétaires ruraux payent l'impôt dans une proportion ridicule, équivalente au 20e de leurs revenus, et où les petits propriétaires le payent dans une proportion exorbitante et équivalente au quart ou au tiers de leurs revenus.

Le capital matériel, associé ou non avec le travail ou le talent, sera soumis à l'impôt; mais jamais ce dernier ne sera imposable quand il sera réduit à l'état d'isolement.

Le gouvernement, selon mon système, n'enrichira personne en ne donnant que de médiocres salaires, et non de gros traitements (imposables comme en Angleterre) à d'honnêtes fonctionnaires, employés ou ouvriers, choisis dans toutes les catégories sociales, parmi les plus capables et les plus dignes; mais il leur aura fourni une honnête existence. Cependant tout le monde aura fait son devoir : électeurs et représentants, administrateurs et administrés, magistrats et judiciables, citoyens de toute fortune, soldats de tout grade.

Selon mon système, je remplace toute espèce de banques, par des agents de change placés dans chaque canton aux frais de l'État; je délivre mes compatriotes d'autres plaies aussi contagieuses que celle des procès; je fais disparaître de la société les hommes d'argent, qui entretiennent cet esprit de cupidité et d'égoïsme avilissant pour la civilisation; je chasse du pays, ou plutôt je détruis les loups cerviers de la finance, connus sous le nom de banquiers, les courtiers marrons, les usuriers de toute espèce; je préserve aussi la société de l'agiotage ou la fluctuation de la bourse, en supprimant cet établissement ainsi que la banque de France; j'empêche les faillites, les banqueroutes, les déconfitures qui ne peuvent plus avoir lieu, les négociations de toute espèce se faisant soit au comptant, soit en actions de rentes sur l'État, sur les communes, sur les propriétés foncières ou mobilières. Le seul banquier pour tous est, ou l'État, qui représente tous les citoyens, ou chaque citoyen, sous le contrôle de l'État, dans la personne de l'agent de change. Ainsi, par ce moyen, toute la fortune passe par les mains de l'État qui est infaillible.

Avant six ans, les administrations des communes et des

départements qui partagent avec l'État, dans un rapport rationnel, les contributions de l'impôt direct, relativement aux revenus de toute espèce, auront, ainsi que ce dernier, acquitté toutes leurs dettes anciennes. Après cette époque, l'Assemblée nationale pourra réduire ces impôts de moitié, et même après dix ans, d'un 20e par année pendant encore dix ans.

Le projet de la banque d'échange de l'État, avec un comptoir communal expliqué par M. Dameth, président de la solidarité populaire, M. Coignet, négociant à Lyon, ainsi que le conçoit l'école phalanstérienne, pourra et devra peut-être un jour être réalisé. Mais en attendant cette époque, mon projet sera la voie de transition capable d'arracher à la banqueroute la vieille société déroutée qui s'en va, et propre à faciliter sa transformation en un autre système financier plus en harmonie avec la nouvelle ère démocratique et fraternelle des États en général ; de même, mon système politique et social sera la voie de transition à la réformation de notre vieux monde ; de même aussi mon mode d'élection sera la transition la meilleure pour arriver au suffrage direct universel.

Immédiatement après ce rapport je dois donner le mot de l'énigme pour certaines personnes, savoir pourquoi les fonds publics sont à la hausse, pourquoi les propriétés, les actions industrielles, les offices vénaux sont à la baisse, et pourquoi le commerce entier, dépourvu de l'association, est à néant.

Le voici : Les banques particulières de Paris et des départements qui se nourrissaient de tous les capitaux de l'aristocratie et du commerce, sont tombées presque toutes au 24 février dernier, parce qu'elles étaient en déficit, par l'effet du misérable et indigne système qui nous régit encore. Par suite de la défiance de l'aristocratie et de son épouvante, le commerce a été entraîné, avec les banques, dans leur chute, n'ayant plus aucun crédit, à défaut de ces mêmes banques ; d'autre part, l'aristocratie, entamant son capital infructueux, voulant faire cesser cet abîme pour elle, a été forcée de placer ce capital, aux fins d'en tirer l'intérêt et le conserver intact ; dès lors elle n'a pu, elle n'a dû le placer que sur l'État ; par ce fait, en outre de son pain quotidien, elle a obtenu un accroissement considérable de ce capital par la hausse journalière de la rente, mais en retour de ce service tout à fait égoïste, l'aristocratie a exigé du gouvernement du jour, tombant sans son appui, que l'ordre de choses en France, s'il ne devenait monarchique, objet de ses vœux de prédilection, fût au moins oligarchique ; le gouvernement actuel, que l'aristocratie a constitué comme transitoire par le suffrage universel, son arme temporaire, a dû, pour vivre, subir la loi imposée ; pour arriver à son but, l'aristocratie, en achetant les rentes de l'État avec ses trésors retirés des banques commerciales, a pris rang en même temps dans toutes les administrations, aux fins de guider la marche du vaisseau, et lui donner l'allure la plus favorable à ses intérêts.

Mais cette aristocratie, qui n'a pas voulu, en admettant le droit au travail, et, par suite, l'association du capital et du travail , partager les miettes de sa table avec la démocratie , sa sœur, dont elle renie l'origine, a compté sans son hôte en finances comme en politique ; le peuple éclairé finira par être seul souverain avec une République démocratique et fraternelle ou sociale. La lutte morale et pacifique, ou même compressive, de l'aristocratie envers la démocratie, ne pouvant avoir un jour que le succès du renard de la fable contre le lion. Dans ce temps alors , les aînés perdront peut-être leur droit d'aînesse , sans même avoir reçu le plat de lentilles d'Esaü.

Quant à la propriété foncière, le droit au travail, combiné avec l'association du capital et du travail, l'auraient consolidée à jamais, en auraient décuplé et plus tard centuplé la valeur et le produit ; la dépréciation , depuis février, est provenue de la peur panique que la sotte, orgueilleuse et peureuse aristocratie, profitant des doctrines irrationnelles de certains socialistes , a répandue surtout parmi les détenteurs de la petite propriété. Néanmoins, par les motifs ci-dessus exposés, la propriété éprouvera la hausse de la rente, et la dépassera même , à moins que le gouvernement républicain étant menacé dans son existence par l'aristocratie réactionnaire, la France ne retombe dans un horrible cataclysme.

Les actions des compagnies des chemins de fer, des canaux, des sociétés d'assurances et industrielles, les ventes des offices vénaux, se négocieront difficilement, parce que ces institutions surannées et gangrénées, qui sont de dégradants hors-d'œuvre, ne peuvent subsister dans un État franchement républicain.

Le commerce, en général, isolé et anarchique, ne pourra prendre désormais un grand essor, parce que sans l'association, son seul moyen de salut, il retombera dans la même ornière des faillites et des déceptions de toutes espèces dues à l'indigne concurrence. D'ailleurs, les banques commerciales, qui seules l'alimentaient, ne pourraient s'élever que pour tomber bientôt dans le discrédit actuel, n'inspirant aucune confiance, et ne pouvant plus naître viables.

Au contraire, le commerce associé sur une grande échelle, par catégorie ou par commune, annihilera dans peu d'années tout le commerce isolé, devenu désormais impossible.

Voici bientôt huit mois que j'ai fait ce travail; je n'y ai rien changé depuis cette époque. J'avais attendu, pour le faire éditer, que les grands économistes de toutes écoles eussent formulé un système rationnel applicable en ce moment et efficace pour sortir de la crise financière où nous sommes depuis un an, et dont les causes existent depuis 89; mais n'ayant rien vu surgir de la tête de nos financiers, qui soit digne d'être pris en considération par des hommes sérieux et positifs, je n'ai pas dû hésiter un instant à mettre au jour cet écrit, avant d'avoir fait paraître le tome Ier de mon *Code politique*, où il se trouve occuper la 4e partie de l'ouvrage; je n'avais pu encore livrer au public cet ouvrage, par des circonstances indépendantes de ma volonté.

CONSTITUTION FINANCIÈRE.

CHAPITRE Ier.

De l'abolition des banques, primes et impôts vexatoires.

Art. 1. Seront abolis le 1er janvier 1850 :

Le budget des cultes qui est à la charge de l'État ;

La banque de France, avec ses succursales et toutes les banques particulières, tenues sous toute espèce de dénomination ;

Les sociétés d'actionnaires formées pour l'exploitation des chemins de fer, des rivières navigables et des canaux ;

Les sociétés d'assurances en tous genres et sous toutes formes ;

Les impôts connus sous le nom d'impôts personnel, mobilier et foncier, des portes et fenêtres et des patentes, ainsi que les administrations qui les perçoivent ou régissent ;

Les impôts indirects appelés droits-réunis, perçus par l'administration ainsi dénommée ;

Les droits de succession mobilière et immobilière, à quelque degré de parenté que ce soit ;

Les droits de timbre sur la presse ;

Les priviléges et les cautionnements des imprimeurs ;

Les droits pour brevets d'invention.

CHAPITRE II.

Des indemnités dues par l'État.

Art. 2. Seront indemnisés en rentes sur l'État :

Les offices publics, vénaux, judiciaires ou autres, abolis, selon le prix d'achat de ces offices, dûment justifié, ou de leur valeur actuelle ;

Les actionnaires des compagnies des chemins de fer, des rivières navigables et des canaux ;

Les actionnaires des banques, s'il y a lieu à un préjudice réel et présent, seulement par la suppression de ces établissements ;

Les actionnaires des compagnies d'assurances, s'il y a lieu à un préjudice réel et présent, seulement par la suppression de ces sociétés ;

Les armateurs des navires du commerce, en cas d'expropriation par l'État.

CHAPITRE III.

De l'empêchement à la détérioration de la propriété foncière apporté par l'association et en vue de son progrès.

Art. 3. Seront prohibés, dans l'intérêt de la République et de l'agriculture, les ventes en détail ou le morcellement des domaines privés territoriaux, des propriétés bâties, des fabriques ou manufactures.

Art. 4. Les ventes de ces propriétés ne pourront être effectuées qu'en argent comptant, en actions de rentes sur l'Etat, en rentes communales ayant cours forcé, ou en rentes foncières ou mobilières ayant cours volontaire.

CHAPITRE IV.

Du moyen d'empêcher la vaine pâture, de forcer la culture des terrains productifs, et l'emploi des propriétés bâties.

Art. 5. Tout détenteur, à quelque titre que ce soit, d'un terrain inculte et susceptible de culture, devra, dans le délai d'une année, à partir du 1er janvier 1850, avoir exploité ou fait exploiter son terrain inculte, de vaine pâture et improductif, ou l'avoir aliéné sous cette condition.

Art. 6. A défaut par ce détenteur de pareil immeuble de ne s'être pas conformé à cette prescription légale, cet immeuble sera regardé comme bien communal, régi et administré comme tel par qui de droit; la valeur de cet immeuble, indiquée par les appréciateurs du canton, est remise en actions de rentes sur la commune, par le président du canton, à l'ancien propriétaire.

Art. 7. Il en sera de même pour tout détenteur d'une propriété bâtie, non affermée ni occupée après le même délai ci-dessus indiqué.

Art. 8. Dans le cas où la commune n'exercerait pas le droit de s'approprier les immeubles improductifs, l'Etat aura le droit de se mettre aux lieu et place de la commune, et donnera alors des rentes publiques au cours du jour, d'après l'appréciation dûment faite.

CHAPITRE V.

**De la suppression des ventes immobilières par expropriation
en justice, selon les anciennes lois de procédure et du
mode de les remplacer.**

Art. 9. Seront supprimées les ventes sur saisie immobilière, ou par expropriation en justice.

Art. 10. Les ventes seront remplacées par des adjudica-
tions sans frais ou au comptant, ou en rentes de toute nature, selon les dispositions de la loi, faites de gré à gré ou
aux enchères par le tribunal du canton où se trouve l'immeuble mis en vente, ou l'établissement industriel.

Art. 11. Nul ne pourra demander la vente immobilière
pour obtenir le remboursement de son capital, s'il n'est
détenteur d'au moins cinquante actions de rentes foncières
ou communales, et en cas seulement de non payement des
intérêts de ces rentes, un mois après l'échéance de ces intérêts, ou bien après dix années expirées depuis la création
desdites rentes.

Art. 12. En cas de vente immobilière, le produit des
ventes sera distribué au marc le franc, sans aucun privilége
ni préférence pour personne, ni ordre d'inscription, par le
tribunal du canton devant lequel la vente a eu lieu, jusqu'à due concurrence du montant des actions émises et
inscrites sur les immeubles ou les communes, entre tous les
détenteurs de ces actions.

Art. 13. L'excédant sur le payement des actions immobilières ou hypothécaires sera remis au propriétaire évincé ou
à la commune sur qui on aura fait vendre, mais par pré-

férence à leurs créanciers chirographaires, détenteurs d'actions de rentes mobilières, dont les intérêts n'auraient pas été servis à l'échéance, et qui, avant tout, auraient formé opposition à la délivrance des deniers, en les mains du président de ce tribunal, afin d'être payés immédiatement après les porteurs d'actions hypothécaires.

Art. 14. Les ventes sur saisie mobilière, faites sans frais, seront les seules ventes permises aux détenteurs de moins de cinquante actions de rentes foncières ou communales, et à tous les porteurs d'actions mobilières, toutefois encore un mois après l'échéance de ces créances, et après avoir rempli les formalités voulues par la loi.

CHAPITRE VI.

De l'association des communes et de la mobilisation des capitaux apportés en la société communale.

Art. 15. Seront privilégiées par l'État :

Toutes les associations solidaires des communes ou sections de communes pour les intérêts divers de l'agriculture, des arts et métiers entre tous les habitants de la même commune.

Art. 16. Les éléments qui composent l'association seront le talent ou le travail intellectuel, le travail manuel et le capital matériel foncier ou mobilier.

Art. 17. Les associations ou sociétés communales seront contractées en vertu d'un jugement portant acte conventionnel devant le tribunal du canton où elles sont établies, avec l'intervention du conservateur des hypothèques, l'assistance des appréciateurs des divers revenus du canton et du géomètre conservateur indicateur des quantités de surface de la commune, pour l'évaluation des revenus nets des propriétés, qui sont la base des taux à donner aux capitaux mis en société.

Cet acte restera en minute au greffe du tribunal; il contiendra le nombre d'actions émises par la commune aux détenteurs des capitaux mobiliers et fonciers, et le montant des valeurs des capitaux de toute espèce. Il en sera délivré une expédition par le greffier du tribunal, dans les trois jours de la confection de l'acte au propriétaire ou capitaliste, et un extrait au conservateur des hypothèques du canton. Cet acte sera préalablement enregistré par le receveur de l'enregistrement du canton.

Art. 18. Dans ces associations, chaque détenteur de capitaux en propriétés bâties ou non bâties, en argent, matériel de manufacture ou autres instruments, recevra en échange de ces apports à la société communale, par les mains du président du conseil social ou municipal, des actions de rente communale avec intérêt de 5 $^o/_o$, par coupons de rente de 100 fr. (les appoints payés en numéraire lors de la délivrance des coupons), pour le montant de la valeur des capitaux apportés, basés comme il vient d'être dit sur les revenus annuels, déduction faite de tous frais d'exploitation et impôts quelconques.

Ces coupons sont contrôlés et enregistrés par le receveur de l'enregistrement, et ensuite ils seront remis au capitaliste créditeur par le président du tribunal.

Art. 19. Ces actes d'association seront inscrits dans les

vingt-quatre heures de la réception de l'extrait, sur le grand-livre communal tenu par le conservateur des hypothèques du canton. Chaque coupon indiquera le nombre des actions communales émises, et le montant des valeurs des immeubles de la commune associée.

Art. 20. L'extrait de chaque inscription sur le grand-livre est remis, par le conservateur des hypothèques, à l'agent de change du canton, dans le délai de vingt-quatre heures, à partir de cette inscription.

Art. 21. Les actions de rente qui ont cours forcé seront assimilées aux rentes sur l'Etat ; elles pourront être échangées pour ces dernières, dans le canton, avec l'intervention de l'agent de change.

Art. 22. Les détenteurs de ces rentes communales, pendant tout le temps que les intérêts de leurs actions seront payés, n'ont pas le droit d'exiger le remboursement du capital de la commune.

Art. 23. Dans le cas où les intérêts ne seraient pas servis par la société communale, les détenteurs des rentes communales ne pourront, comme il a été dit en l'article 11, demander la vente d'un immeuble de la commune, de la valeur du montant de leurs créances, qu'autant qu'ils seront propriétaires de cinquante actions ou coupons de rente, mais ils pourront toujours demander la vente mobilière.

Art. 24. Dans le cas où le créancier communal exercerait son droit de requérir la vente immobilière, le tribunal du canton indiquera l'immeuble de la commune qui devra être vendu pour satisfaire le créancier poursuivant.

CHAPITRE VII.

De la conversion de la dette flottante de l'Etat en rentes consolidées , et du rachat de la rente.

Art. 25. Avant le 1er janvier 1851, toute dette flottante de l'Etat sera convertie en rentes 5 %, au pair du capital nominal ou au taux de la rente lors de la conversion.

Art. 26. Chaque année, l'administration de la caisse d'amortissement fera racheter les rentes de l'Etat par les agents de change pour le montant de ses valeurs, et à mesure qu'elle les aura encaissée.

CHAPITRE VIII.

De la conversion des créances et autres rentes hypothécaires en actions de rentes foncières.

Art. 27. Seront converties en actions de rentes foncières par coupons de 100 fr. (les appoints payés en numéraire lors de la conversion), et transmissibles comme les rentes sur l'Etat ;

Toutes les créances hypothécaires existant au 1er octobre 1850 ;

Toutes les rentes anciennes, appelées rentes foncières ou constituées, existant à la même époque ;

Toutes les créances mobilières avant ou après leur conversion en rentes mobilières , avec des garanties hypothécaires jugées suffisantes par le tribunal du canton.

Art. 28. Le capital ne pourra être exigé du débiteur,

servant bien les intérêts, que dix ans après le jour de leur création.

Art. 29. Cette conversion sera faite par le tribunal du canton, à partir du 1er octobre 1850, avec l'intervention du conservateur des hypothèques du canton, du géomètre conservateur et des appréciateurs des revenus du même canton, en vertu d'un jugement volontaire ou acte stipulant la transformation des créances anciennes en coupons de rentes de 100 fr. transmissibles et portant intérêt à 5 °/₀, indiquant le nombre des actions émises, et dont la totalité représente le montant des créances hypothécaires et la valeur des immeubles hypothéqués.

Cet acte reste en minute au greffe du tribunal.

Art. 30. La mention de cette conversion sera inscrite, dans les vingt-quatre heures qui ont suivi l'acte de conversion, par extrait sur le grand-livre des rentes foncières tenu par le conservateur des hypothèques.

Art. 31. Chaque coupon de rentes foncières est contrôlé par le receveur de l'enregistrement ; il indique le nombre des actions émises au jour de la conversion et la valeur de l'objet hypothéqué ; il est remis au créancier par le président du tribunal.

Art. 32. Dans le même délai de vingt-quatre heures, à partir du jour donné pour l'inscription de l'acte de conversion par le conservateur des hypothèques, ce dernier sera obligé de remettre un extrait de cette conversion à l'agent de change du canton.

CHAPITRE IX.

De la conversion des créances chirographaires, civiles ou commerciales, établies, sous toutes dénominations, en actions de rentes mobilières.

Art. 33. Seront converties, à partir du 1er juillet 1850, en actions de rentes mobilières, par coupons de 100 fr. (les appoints payés en numéraire lors de la délivrance des coupons), transmissibles, comme les actions de rentes sur l'Etat et les autres rentes communales et foncières;

Toutes les créances existant à ladite époque, consenties par obligations notariées, non hypothéquées, par billets à ordre, lettres de change ou autres engagements quelconques.

Art. 34. Le capital pourra être exigé du débiteur, servant bien les intérêts, seulement après cinq ans, à partir du jour de leur création, et des héritiers du débiteur, trois mois après son décès.

Art. 35. Cette conversion sera faite par le tribunal du canton du domicile du débiteur. Cet acte contiendra le nombre des actions de rentes mobilières émises sur sa personne à titre mobilier. Chaque coupon en fait mention.

Cet acte restera en minute au greffe du tribunal, après l'enregistrement.

Art. 36. Les coupons seront remis par le président du tribunal aux créanciers, après avoir été contrôlés par le receveur de l'enregistrement.

Art. 37. L'extrait de l'acte de conversion est inscrit, dans les vingt-quatre heures, sur le grand-livre mobilier tenu par le conservateur des hypothèques du canton. Ce livre est destiné, comme le livre des rentes sur l'Etat, à constater les divers mouvements d'acquéreurs ou de vendeurs des actions.

Pareil extrait sera remis dans le même délai, par le receveur de l'enregistrement, à l'agent de change du canton.

CHAPITRE X.

Dispositions communes à toutes créances avant leur conversion.

Art. 38. Les intérêts des capitaux exigibles, placés par obligation notariée, hypothécaire ou non, ou par billets, reconnaissance sous forme non commerciale, ainsi que les arrérages des rentes dont le capital n'est pas exigible, pourront seulement être réclamées au débiteur d'ici le 1er juillet 1850.

Art. 39. Après le 1er juillet 1850, les intérêts ou arrérages desdites créances ne pourront être réclamés du débiteur qu'après la conversion demandée et obtenue du tribunal, sur la requête présentée au nom des parties par le procureur près le tribunal du canton.

Art. 40. Le capital et les intérêts des créances commerciales continueront d'être exigibles, à leur échéance, jusqu'au 1er janvier 1851.

Art. 41. Après cette époque, ni le capital ni les intérêts de ces créances ne pourront être exigés qu'après leur conversion, qui devra, à la diligence du créancier, être demandée devant le tribunal du canton, par l'organe du procureur près ce tribunal.

Art. 42. La conversion des créances commerciales qui ne sont exigibles qu'après le 1er janvier 1851 devra être demandée à partir du 1er juillet 1850.

Art. 43. Toutes les négociations, ventes, tant civiles que commerciales, après le 1er janvier 1851, devront être faites, à peine de nullité des conventions, au comptant et en espèces métalliques, ou en rentes de toute espèce.

CHAPITRE XI.

Des revenus et de l'administration des divers biens de l'Etat.

Art. 44. Aucune vente ni mobilière ni immobilière ne pourra être demandée en justice qu'après la conversion opérée de toute créance, et seulement dans les cas dont il a été parlé précédemment.

Art. 45. Les domaines de l'Etat, de quelque nature qu'ils soient, dont l'administration sera confiée au ministère de l'agriculture, des arts et métiers, seront destinés à garantir les bras inoccupés de leur droit au travail.

Art. 46. Les biens ruraux et cultivables de l'Etat seront destinés à fonder des fermes-modèles avec écoles supérieures normales, qui seront soumises au système de l'association solidaire et sériaire pour le capital, le talent et le travail.

Le conseil d'administration de ces associations sera élu parmi les membres associés. Le ministre ou son délégué en sera le président.

Art. 47. Les grands édifices ou établissements de l'Etat seront destinés à former des ateliers nationaux pour les arts ou les grandes industries, écoles supérieures normales, qui seront soumises au même système d'association que les fermes-modèles.

Art. 48. Les biens de l'Etat non cultivables, comme les forêts, les marais, seront régis par une administration particulière dépendant du ministère de l'agriculture.

Art. 49. Après le prélèvement de l'impôt direct du 10e sur le revenu net des associations, les intérêts du capital de l'Etat seront pris après le prélèvement des salaires; ces intérêts ne pourront être au-dessus de 4 °/₀ de la valeur calculée sur le net des revenus des domaines, déduction faite de tous salaires, impôts et dépenses quelconques. Les bénéfices, après tous les prélèvements de l'association, sont partagés entre tous les associés travailleurs, selon les capacités de chacun et les dispositions de l'acte d'association.

Les intérêts du capital fourni par l'Etat en toutes valeurs seront destinés à fonder ou entretenir les hôtels des invalides militaires ou civils à la charge du gouvernement.

CHAPITRE XII.

Des contributions publiques formant le budget des recettes de l'Etat.

SECTION Ire.

Des droits de timbre, d'enregistrement, d'hypothèques et d'agence de change.

Art. 50. Des droits fixes et non proportionnels pour le timbre, l'enregistrement, seront perçus sur tous les actes tant authentiques que sous signatures privées, contentieux ou non contentieux, consentis ou non, avec le concours des magistrats établis pour les recevoir.

Art. 51. Les tarifs de ces droits, fixés par la loi, seront perçus par le receveur de l'enregistrement du canton.

Art. 52. Tous les actes, dont il vient d'être parlé, seront écrits sur papier timbré et enregistrés dans le mois de leur existence, à peine de nullité.

Art. 53. Des droits fixes et non proportionnels seront établis, pour la gestion de l'administration des hypothèques, instituées, aux fins de la garantie des créanciers sociétaires, par l'inscription des rentes communales, sur le grand-livre de la commune, et aux fins de la garantie des créanciers hypothécaires, pour propriétés particulières, par l'inscription de ces actions de rentes sur le grand-livre foncier des propriétaires isolés de la commune.

Art. 54. Des droits aussi fixes seront établis, pour la conversion des créances chirographaires ou non hypothécaires, en actions de rentes mobilières inscrites sur le grand-livre mobilier de chaque commune.

Art. 55. Les tarifs de ces droits, qui seront fixés par la loi, seront perçus par le conservateur des hypothèques du canton.

Art. 56. Des droits minimes pour commission, change d'espèces métalliques en actions de toute espèce de rentes sur l'État, les communes ou les citoyens, et réciproquement, seront établis au profit du trésor.

Art. 57. Les tarifs de ces droits, qui seront fixés par la loi, seront perçus par l'agent de change du canton.

SECTION II.

De l'impôt direct sur les revenus des loyers, produits et fermages des propriétés bâties et non bâties, et aussi des produits des manufactures et du commerce intermédiaire.

Art. 58. Cet impôt, qui est proportionnel et non progressif, sera fixé, pour cinq ans seulement, à partir du 1er janvier 1850, au cinquième du revenu net obtenu dans chaque année.

Art. 59. Seront soumis à cet impôt :

Tous les produits ou revenus réels des terres en culture, des bois, bruyères, genêts de tout âge et de toute nature, des prairies de toute espèce, ainsi que le produit des jachères, pâcages, vaines pâtures, marais et étangs appartetenant soit à l'État, au département, aux communes ou aux citoyens en particulier ;

Tous les fermages des biens ruraux de quelque nature qu'ils soient, à prix fixe ou moyennant une portion des fruits ; tous les loyers des maisons, habitations et propriétés bâties, situées dans les villes ou les campagnes appartenant à qui que ce soit ;

Tous les produits ou revenus des fabriques et manufactures ; toutes les ventes du commerce intermédiaire.

Art. 60. La constatation de l'impôt sur les propriétés bâties et non bâties, sur les loyers et fermages de toute sorte, aura lieu par les appréciateurs et le géomètre conservateur qui sont établis au chef-lieu de canton, au moyen de l'inspection des récoltes et de leur appréciation avant leur enlèvement, la déclaration et la recherche des véritables prix des baux à loyer et à ferme, le tout réglementé, d'après une comptabilité organisée à cet effet par la loi.

Art. 61. La constatation de l'impôt sur les produits des fabriques, des manufactures et du commerce intermédiaire, aura lieu tous les mois par les appréciateurs du canton, selon les livres et inventaires de ces fabricants et commerçants, et d'après une comptabilité aussi déterminée par une loi réglementaire.

Art. 62. Tous ces divers impôts seront recouvrés par le percepteur de chaque chef-lieu de canton.

SECTION III.

De l'impôt direct sur les rentes dues par l'État, les communes et les débiteurs hypothécaires et mobiliers.

Art. 63. Cet impôt, qui est proportionnel et non progressif, est fixé, pour cinq ans seulement, à partir du 1er janvier 1850, au cinquième des intérêts, arrérages, redevances de rentes sur l'État, et des actions de rentes foncières et mobilières sur les citoyens en particulier, et au dixième des intérêts de rentes communales dus aux créanciers de ces diverses rentes.

Art. 64. La perception de cet impôt rentier a lieu par le ministère de l'agent de change établi au canton, qui est seul chargé de leur négociation.

SECTION IV.

Du privilége des communes associées.

Art. 65. A l'effet de se partager les produits divers de

la société, après le prélèvement des intérêts du capital matériel, à raison de 5 %, et des salaires du travail intellectuel
et manuel, les associations des habitants des communes
pour le travail, le talent, le capital foncier ou mobilier, ne
seront, pendant dix ans, à partir du 1er janvier 1850,
contraignables qu'à payer la moitié de l'impôt direct, tant
des revenus nets que des rentes de toute nature de l'association, payé par les communes non associées ou les propriétaires isolés de l'association.

Art. 66. L'impôt des revenus et produits des propriétés
bâties et non bâties, des manufactures et du commerce intermédiaire, est perçu par le percepteur du canton, et l'impôt des intérêts de rentes communales est reçu par l'agent
de change du même canton.

Art. 67. La succession vacante, ouverte dans les communes
associées, appartiendra à ces communes, et fera partie de leur
capital foncier et mobilier.

SECTION V.

De l'impôt des monopoles.

Les monopoles du papier timbré, des fabriques de mon-
naie, des poudres et tabacs, des manufactures ou manu-
tentions de sels, devront donner à l'Etat, pendant seulement cinq ans, à partir du 1er janvier 1850, sous le titre
d'impôts d'exploitation, le cinquième du net dans les produits ou les ventes.

Après ces cinq années, cet impôt sera réduit au dixième.

Art. 68. Une administration particulière pour chacun

de ces monopoles sera établie par la loi, à l'effet de faire la perception de ces droits dont elle fixera les tarifs.

Ces diverses administrations seront sous l'autorité du ministre du commerce.

SECTION. VI.

Des droits de poste.

Art. 69. Les droits de poste appartiendront à l'Etat.

Art. 70. Les tarifs fixés par la loi seront perçus par l'administration des postes placées sous l'autorité du ministre de l'intérieur.

SECTION VII.

Des droits du fret sur les vaisseaux de l'Etat de toute dimension.

Art. 71. Des droits sont établis, en temps de paix maritime, pour les transports des personnes ou des marchandises sur les vaisseaux de l'Etat, dans les colonies ou à l'étranger, et de ces divers lieux en France.

Art. 72. Ils seront réglés par la loi et perçus par une administration particulière placée sous l'autorité du ministre de la marine.

SECTION VIII.

Des primes d'assurances maritimes.

Art. 73. Les primes d'assurances maritimes pour sinistres de toute espèce appartiendront à l'Etat.

Art. 74. Ces primes seront fixées par la loi et perçues par l'administration maritime chargée de recevoir le fret des vaisseaux.

SECTION IX.

*Des droits de transport sur les chemins de fer, les rivières
et les canaux.*

Art. 75. Les droits de transport des personnes et marchandises sur les chemins de fer, les rivières navigables et
les canaux appartiendront à l'Etat.

Art. 76. Ils seront fixés par la loi et perçus par une administration particulière sous l'autorité du ministre du commerce.

SECTION X.

Des droits de douanes.

Art. 77. Les droits de douane seront conservés pour dix
ans seulement, à partir du 1er janvier 1850.

Art. 78. Chaque année les droits, tant d'importation que
les primes d'exportation diminueront d'un dixième.

Art. 79. Les tarifs fixés par la loi seront perçus par l'administration des douanes, sous l'autorité du ministre du
commerce.

SECTION XI.

Du personnel des diverses administrations financières.

Art. 80. Le personnel des administrations financières sera
choisi au concours, d'abord pour les emplois supérieurs,
parmi les anciens employés des administrations conservées
ou supprimées, ensuite pour les autres emplois, en cas de
vacances dans ces administrations, ou, à défaut d'y trou-
ver de bons sujets, en premier lieu, parmi les anciens mili-

taircs de terre et de mer, et, en second lieu, parmi les
élèves des écoles primaires normales.

Art. 81. Tout titulaire d'un emploi financier, de quelque nature qu'il soit, qui posséderait un revenu mobilier
ou foncier cinq fois supérieur à la rétribution de son emploi, ne recevra pas de salaire.

Art. 82. Toute espèce de cumul d'emploi sera interdit, à
moins qu'il ne soit purement honorifique.

CHAPITRE XIII.

Des dépenses à la charge de l'Etat.

Art. 83. Les dépenses à la charge de l'État se composent :
1º De l'intérêt de la dette nationale inscrite sous diverses
formes au grand-livre des rentes sur l'Etat; 2º du budget
des dépenses de l'Assemblée nationale; 3º du budget des
dépenses du personnel des membres du pouvoir exécutif et
du pouvoir ministériel ; 4º des budgets de chacun des corps
auxiliaires de l'Etat; 5º des budgets de tous les ministères,
tant pour l'administration centrale que pour l'administration de chacun d'eux dans les départements ; 6º des budgets de toutes les écoles normales supérieures de l'Etat;
7º Du budget de la caisse d'amortissement composé de
l'excédant du budget des recettes sur le budget des dépenses.

CHAPITRE XIV.

Du budget des recettes au profit des départements et des communes.

SECTION Ire.

Du budget des recettes des départements.

Art. 84. Le budget des recettes des administrations départementales, confiées au conseils généraux, se compose : 1° des revenus des propriétés bâties ou non bâties qui leur appartiennent; 2° des revenus des biens ruraux, appelés biens communaux, appartenant aux communes non associées, destinés, ainsi que la nue-propriété de ces biens, à fonder des fermes et ateliers avec écoles dans chaque canton, et des fermes et ateliers avec écoles supérieures dans chaque arrondissement; 3° du 20e des impôts directs du département, tous les impôts et redevances perçues par les percepteurs et les agents de change des cantons, et déposés dans les caisses du receveur général pour être remis au président du conseil général à sa première réquisition.

SECTION II.

Du budget des recettes des communes.

Art. 85. Le budget des recettes des administrations communales, confiées aux conseils municipaux, se compose : 1° des revenus des propriétés bâties ou non bâties qui leur appartiennent, en cas d'association des habitants dans les communes rurales; 2° des droits de péage sur les ponts à construire, ou sur ceux concédés après l'expiration

des concessions; 3° des droits d'octroi qui devront être conservés temporairement; 4° des primes d'assurances mu-
tuelles, pour incendies ou autres sinistres; 5° enfin du
20e des impôts directs perçus dans la commune par le percepteur et l'agent de change de canton, tous impôts perçus
par ces derniers, et déposés dans les caisses du percepteur
cantonal pour être remis au président du conseil municipal
de chaque commune à sa première réquisition.

CHAPITRE XV.

Du budget des dépenses à la charge des départements et des communes.

SECTION Ire.

Du budget des dépenses des départements.

Art. 86. Le budget des dépenses des administrations
départementales consiste : 1° dans les frais de viabilité
des routes départementales et chemins de grande communication, et le salaire des agents voyers de canton et d'arrondissement; 2° dans les frais d'établissement des fermes
et ateliers-modèles supérieurs pour les deux sexes avec
écoles spéciales professionnelles et normales à créer dans
chaque arrondissement; 3° dans les frais d'établissement
des écoles primaires supérieures professionnelles et des
lycées pour les deux sexes à fonder dans chaque arrondissement et au chef-lieu du département; 4° dans les frais de
construction et d'entretien des grands édifices concernant
les intérêts divers des départements; 5° dans les subven-

tions à accorder aux communes; 6° dans les frais des hospices généraux; 7° dans les frais de l'administration du conseil général.

SECTION II.

Du budget des dépenses des communes.

Art. 87. Le budget des dépenses des communes consiste : 1° dans les frais de viabilité pour les chemins de moyenne et petite communication; dans les frais d'établissement des crèches, salles d'asile, écoles primaires littéraires pour les deux sexes, hospices, pharmacies, salaire des médecins, des gardes-champêtres et de tous proposés; 3° dans les frais d'établissement des fermes et ateliers-modèles primaires, avec écoles spéciales pour les deux sexes, à établir dans chaque canton; 4° dans les frais du personnel et matériel des cultes professés; 5° dans les frais de construction et d'entretien des temples et autres édifices publics qui leur appartiennent; 6° enfin dans les frais de l'administration du conseil municipal.

CHAPITRE XVI.

Des dispositions transitoires.

Art. 88. Il sera donné lieu à l'exécution de la présente loi fondamentale, dans le délai de trois mois, à partir de la promulgation.

Poitiers. — Imprimerie de COIGNARD et BERNARD.